Mein Weg der Schicksalsmeisterung
unter mystischer Führung

Meinen Schwestern
Gisela, Sieglinde und Renate

CHRISTA SCHÜLER

Mein Weg der Schicksalsmeisterung unter mystischer Führung

Von schicksalsschwerer Psychotherapieausbildung
zu erlösendem Bewusstsein

Bibliografische Information der Deutschen Nationalbibliothek
Die Deutsche Nationalbibliothek verzeichnet diese Publikation
in der Deutschen Nationalbibliografie;
detaillierte bibliografische Daten sind im Internet
über http://dnb.dnb.de abrufbar.

© 2018 Christa Schüler
Lektorbegleitung: Ferdinand Leopold
Satz, Umschlaggestaltung, Herstellung und Verlag:
BoD – Books on Demand

ISBN 978-3-7481-3467-1

Inhalt

I. Einführung zur Transformations-entwicklung als Weg von außen nach innen

Meine Selbstwende von außen nach innen nahm Gestalt an mit einer beruflichen Kompetenzaberkennung als Psychotherapeutin, die einen Neubeginn mit Somatischer Psychotherapieausbildung initiierte, und damit den zeitlichen Rahmen setzte für eine mystisch geführte Tiefenselbstentwicklung.

Im Zeitverlauf der Ausbildung (1991–1993) diente der Ausbilder als Vorbild für meine spätere Praxistätigkeit. Alle persönlichen Umstände, die mich auf die Außenseiterrolle festlegten, schob ich allein dem Co-Ausbilder in die Schuhe, wobei ich bis zum bitteren Ende bemüht war, Ausbilderkontakt herzustellen. Um dieses Ziel zu erreichen, suchte ich eigene Wege, die alle der spirituellen Tiefenselbstentwicklung dienten. Die unaufhaltsame Bemühung um Ausbilderkontakt bildete eine Säule auf dem Weg von außen nach innen, der Rückzug in die regressive Klientenrolle beim Methodentraining eine weitere, denn ich war – im Unterschied zur Ablehnung als Therapeutin – als Klientin allseits willkommen.

Das Ganze ist nur im Zusammenhang einer gesellschaftlichen Entwurzelung zum Start der Ausbildung zu verstehen:

Meine berufliche Entwicklung verlief zunächst geradlinig:

Jahrgang 1942, Abitur 1961, Absolvierung des Medizinstudiums 1968, ein Jahrzehnt wissenschaftliche Tätigkeit in den Fachbereichen Arbeitspsychologie und Sozialmedizin an der Rostocker Universität, danach Psychotherapiepraxis bis 1985 in Rostock, anschließend in Berlin/DDR.

Meine Kompetenzaberkennung als Psychotherapeutin im Frühjahr 1988 konnte nicht mehr rückgängig gemacht werden, denn nach einem Positivgutachten der Universitätsklinik in Jena, erworben im Herbst 1988, wurde ein klärendes Drittgutachten boykottiert.

Nach legaler DDR-Ausreise im September 1989 folgten Mauerfall und eine chaotische Zeit bis zur Psychotherapiegleichstellung in Ost und West. Im Dauerstress der gesellschaftlichen Ausgrenzung hatte ich den Boden unter den Füßen längst verloren.

1990 wurde ich bei Besuchen einer Stiftung am neuen Wohnsitz in Hamburg ermutigt, einen beruflichen Neuanfang mit einer begehrten Ausbildung in Somatischer Psychotherapie zu starten, wobei mir eine finanzielle Unterstützung – zur Selbsthilfe – wieder auf die Beine half.

Die Ausbildung fand nicht in Hamburg statt, doch aus Datenschutzgründen werden die Umstände nicht näher ausgeführt.

II. Von urtiefer Transformations-entwicklung in schicksalsschwerer Psychotherapieausbildung zur Sinnklärung des Lebens „Schreiben als Weg der Schicksalsmeisterung"

Bereits am vierten Ausbildungstag nahm ich in der Ausbildungsgruppe die Zuschauerrolle ein, denn im Methodentraining wollte niemand mit mir üben, nachdem ich öffentlich zurechtgewiesen worden war nach einer Übung, in der meine Partnerin sich über mich beschwert hatte.

Nach der ersten Ausbildungsrunde schüttelte mich noch wochenlang Verzweiflung, denn ich hatte auf den beruflichen Neustart mein ganzes Leben gesetzt.

Erlösung folgte auf unverhoffte Weise: Bei „Engelsanrufung in linker Schläfe" verlor ich schlagartig meine Fassung, die ich erst nach stundenlangem Spaziergang zurückerlangte. Danach wurde ich fähig, die Überlebensstrategie des Rückzugs in den Klientenstatus beim Methodentraining zu entwickeln, denn als Klientin war ich in der Gruppe allseits willkommen. Gedacht war mein Rückzug als Übergangslösung bis zur Gruppenbildung, die aber ausblieb. Statt mich mit Üben der Methode für einen beruflichen Neustart zu qualifizieren, erfolgte eine regressive Selbstöffnung in der Klientenrolle unter mystischer Führung.

Zur Stressbewältigung der organisierten Gruppenausgrenzung half mir mein Tagebuch.

Im zweiten Ausbildungsjahr entdeckte ich das chinesische Weisheitsbuch „I Ging", wobei ich mit drei Pfennigen mein Orakel erfahren konnte, das mir nach jeder Tagebucheintragung neues Licht auf das Geschehen warf.

Am Ende des zweiten Jahres war jede Hoffnung auf einen erfolgreichen Ausbildungsabschluss gestorben. Im Zustand höchster Verzweiflung widerfuhren mir „Engelsanrufung in rechter Schläfe" und, zwei Tage später, „eine Transformation der unteren Gestalthälfte in einen Teufel mit Schwänzchen". Beide Erfahrungen regten die Untersuchung der Spiritualität in einem gesetzmäßigen Verlauf an, wobei mir die Bücher „Die drei Augen der Erkenntnis" von Ken Wilber und „Die heilende Berührung" von Dr. Malcolm Brown zur geistigen Orientierung dienten; ersteres half mit, die spirituellen Daten auszuwerten, und letzteres die Tiefenselbstprozesse einzuschätzen.

Zum Ausbildungsschluss verabschiedete mich der Ausbilder in öffentlicher Runde mit strenger Verordnung zur Eigentherapie, doch mein erworbenes spirituelles Selbstbewusstsein verhinderte ein Abrutschen ins schwarze Loch der Bodenlosigkeit.

Nach „Umstellung auf Schreiben der Autobiografie" erfolgte die Entdeckung der Uryoga-Geistphilosophie: Beim Warten auf Besuch hatte ich – zum Zeitvertreib – das Buch „Das Yoga-Sutra. Die 196 Merksprüche des Ur-Yoga" in der Übersetzung von Sigmund Feuerabendt zur Hand genommen; ein Schnäppchenkauf. Ich konnte es in einem Atemzug durchlesen, denn der Besuch war ausgeblieben.

Die Geistphilosophie erklärte mir meine Tiefenselbstentwicklung als Weg von außen nach innen, wie in den Merksprüchen beschrieben.

Als ich das Buch in den frühen Morgenstunden aus der Hand legte, hatte ich – am 4.7.1994 – den Sinn meines Lebens gefunden: Schreiben als Weg zu Gott, als Weg der Schicksalsmeisterung.

III. Die Geistwelt der Uryoga-Philosophie zur Wesenserfassung der Schicksalsmeisterung als Sinn des Lebens

Eine Kurzfassung der Urlehre nach Sigmund Feuerabendt in „Das Yoga Sutra. Die 196 Merksprüche des Ur-Yoga":

Die kosmische Intelligenz, auch Gott genannt, erschafft die gesamte Erscheinungswelt des Universums und ist in allem als Urfeld vorhanden; auch der Stein ist geistig erfüllt.

In der Menschenwelt wird die Wechselwirkung zwischen der Persönlichkeit (Ichfeld) und Umwelt (Umfeld) als das Ewig-Wandelbare bezeichnet: alles das umspannt die Schicksalsdynamik.

Der Mensch kann sein Schicksal (Karma) meistern durch meditative Selbstkonzentration auf dem Weg von Wiedergeburt zu Wiedergeburt, wie in den 196 Merksprüchen des Ur-Yoga beschrieben. Die Selbstwende von außen nach innen gipfelt im Urfeldbewusstsein, dem schöpferischen Einssein mit allem, genannt das Ewig-Unwandelbare. Mit anderen Worten: Der Weise erlangt Unabhängigkeit von den Bedingungen des Ich- und Umfeldes.

Die Geistphilosophie setzt den persönlichen Lebenszyklus im Kreislauf der Wiedergeburten voraus: Niemand könne aus dem Prozess aussteigen. Der Weltuntergang würde einen Ausstieg aller bedeuten.

Beim Durchlesen der 196 Merksprüche des Uryoga wurde mir die Tiefenselbstentwicklung als Prozess von außen nach innen bewusst, wobei mir mein Training der Tiefenatmung, das ich ein Jahrzehnt vorm Start der Ausbildung zum Zwecke der Selbstkonzentration aufgenommen hatte, zugute gekommen war.

Der Merkspruch über das Urphänomen Gestalt (IV.73) offenbarte mir das Wesen meiner Tiefenselbstentwicklung:

„Wendet der Meister in seinem dreifachen Tiefsinn seine Aufmerksamkeit ausschließlich dem Urphänomen Gestalt zu, dann offenbart sich ihm das Wesen aller daseienden Erscheinungen bis in ihre letzten Elemente hinein, woraus ihm alle ihre Zustände bis zu deren Ende klarwerden und er sie beherrscht."

Die Geistphilosophie gab meinem Leben den Sinn „Schreiben als Weg zu Gott-Urfeld, als Weg zum erlösenden Bewusstsein".

Zu jenem Zeitpunkt glaubte ich, den Weg von außen nach innen bereits abgeschritten zu sein, doch das sollte sich nur als die halbe Wahrheit herausstellen.

IV. Prozessrhythmen der Schreibarbeit als Weg der Schicksalsmeisterung

1995 bis 1999: Von bodenloser Tiefenselbstentwicklung zur inneren Erdung durch Entwirrung der Ausbilderintrigen mit Hilfe von Träumen und Aurafotosupervision inkl. Umgestaltung der Ausbildungsgeschichte mit konstruierter Ausbilderbeziehung

Durch Zufall hörte ich vorm Schreibstart von der Möglichkeit einer Aurafotografie, die der Heilpraktiker Ralf Marien-Engelbarts anbot, wonach ich diese im Hinblick auf eine Supervisionsbegleitung der Schreibarbeit testete.

Die Computerkamera, die links die innere Gefühlslage und rechts den Außenkontakt spiegelte, zeigte im ersten Foto (17.1.1995) innen kosmische Energie-*weiß* und außen ein schwarzes Loch.

Dem Fotografen erklärte ich meine Aura im Zusammenhang mit einer problematischen Ausbildung in Somatischer Psychotherapie, in der ich mich vorm Rollenzwang schützte mit Rückzug in den Klientenstatus beim Methodentraining, wobei ich eine spirituelle Tiefenselbstentwicklung durchlief: Das schwarze Loch außen für sozialen Rückzug und die kosmische Energie innen für spirituelles Selbstbewusstsein. Mit Entdeckung der Uryoga-Philosophie ist mir der Sinn meines Lebens offenbart worden als Weg von außen nach innen, als Weg der Schicksalsmeisterung, den ich im Schreibprozess nachvollziehen wollte.

Der Fotograf versprach, mich mit gewünschten Fototerminen zu unterstützen.

Anmerkung zur Interpretation der Aurafotos
(siehe Anhang „Aurafotos/Auravideos"):
Der Fotograf erläuterte die Wirkungsweise der Spezialkamera in seinem Gut-

achten vom 20.12.1998 folgendermaßen: „Diese Spezialkamera ist mit einer Messeinrichtung versehen, die es ermöglicht, das elektromagnetische Feld des Menschen per Computer in Farbschwingungen umzusetzen. Diese Aura (= Ausstrahlung) spiegelt den geistig-seelischen Zustand des Menschen wider." Im Text benutze ich meine eigene Interpretation, wobei mir die Gespräche des Fotografen und seine Farbtabelle halfen. Auf diese Weise blieb meine persönliche Prozessarbeit erhalten.

Zum Schreibstart holte mich die Wirklichkeit ein: Zunächst legte mich eine Krise lahm, die ich durch Versenkung in die Uryoga-Merksprüche und Erleben von Todesangst überwand, wonach im zweiten Aurafoto (28.2.1995) spirituelle Öffnung-*violett* sichtbar wurde. Danach schrieb ich mein Leben bis zur Ausbildung in sechs Monaten auf. Doch im zweiten Ausbildungsjahr erlitt ich eine Schreibblockade, die sich nicht mit dem Studium der Uryoga-Merksprüche beheben ließ.

Letztendlich landete ich bei den über hundert Träumen der Ausbildungszeit, wobei mich ein Traum erschütterte, der mir den bewunderten Ausbilder – denn alle Kontaktprobleme hatte ich dem Co-Ausbilder angelastet – als Intriganten im Hintergrund offenbarte. Diese Wirklichkeit überrollte mich wie eine Sturzwelle, was im dritten Aurafoto (23.9.1996) als Schmuddelfarben-Energieexplosion gespiegelt wurde. Der Fotograf interpretierte sie als Verdauungsarbeit alter Muster.

Nach der erlebten Energieexplosion und Objektivierung derselben im Aurafoto wurde klar, dass die Abspaltung der sozialen Vorgänge im Ausbildungszeitraum aufgearbeitet werden müsse; danach endete die Schreibblockade.

Die einzelnen Schritte der Rollenzwangslösung begannen jeweils mit Verwirrzuständen, die zur Klärung drängten.

Um die Ausbildungszeit als Ganzes zu begreifen, fertigte ich Übersichtstafeln an, in denen ich die spirituellen und sozialen Daten wertfrei auflistete. Jedes Mal, wenn ich eine neue Tabelle erstellt hatte, glaubte ich, im Chaos versinken zu müssen, doch nach Überschlafen entdeckte ich einen verbindenden Sinn.

Der Loslassprozess wurde im vierten Aurafoto (14.10.1997) gespiegelt mit kosmischer Energie-*weiß* auf beiden Seiten.

Das kosmische Netzwerkfundament bildete die Ausgangslage für die Untersuchung qualitativ unterschiedlicher Intrigenfallen, die sich wie gehabt mit Verwirrzuständen ankündigten.

Die Bewusstseinssprünge wurden in den folgenden zwei Fotos gespiegelt: Im fünften Foto (24.2.1998) mit spiritueller Fähigkeit-*violett* innen und Urvertrauen-*blau* außen; im sechsten Foto (19.5.1998) mit spiritueller Fähigkeit-*violett* auf beiden Seiten.

Das siebente Foto (7.9.1998) spiegelte am Horizont Naturverbundenheit-*grün*. Da ich am Ende meiner Kraft angelangt war, hatte ich nur noch das Bedürfnis, das Manuskript abzuschließen.

Der Aurafotograf, der mich bis dahin zuverlässig begleitet hatte, zögerte, meiner Forderung eines Fotogutachtens nachzukommen.

Schließlich schickte ich am 23.12.1998 mein Manuskript – mit eigener Fotoeinschätzung und dem Titel „Lebenswunder Schicksal" – an einen Verlag, wobei ich eine zentnerschwere Schulterlast verlor.

Als Stunden später das Gutachten des Fotografen eintraf, packte ich es wutentbrannt weg.

Erst bei aktueller Werksarbeit (2018) – unter Weglassung der Schicksalsschläge im Ausbildungszeitraum aus Datenschutzgründen – las ich sein Gutachten aufmerksam durch und entdeckte seine Wertschätzung: Im Anschreiben vom 20.12.1998 erklärte er die Nichtbegutachtung des siebten Fotos mit Schmuddelfarbe (20.9.1998), um die schöne Prozessklarheit in den Fotos zuvor nicht mit einer aktuellen Stresssituation zu zerstören.

Seine Stressprophezeiung folgte auf dem Fuß: Es gelang mir nicht, das Flickwerk „Manuskript", an dem ich ständig herumkorrigiert hatte, nachzulesen.

Letztendlich entschied ich mich für eine geordnete Schilderung der

Ausbildungsgeschichte mit einer *konstruierten* Ausbilderbeziehung mit fester Rollenverteilung „Magie/Parapsychologie", gemäß einer Prä/Trans-Verwechslung nach Ken Wilber, der in seinem Buch „Die drei Augen der Erkenntnis" eine gesetzmäßige Entwicklung der Hauptstrukturen des Bewusstseins vorstellte und auf Gefahren einer Fehleinschätzung hinwies, gemäß Zitat:

„Ich bin zu der Erkenntnis gelangt, dass nahezu ausnahmslos irgendeine niedere Struktur, wie zum Beispiel die Magie, mit einer ähnlich scheinenden höheren Struktur, zum Beispiel der parapsychologischen Kompetenz, verwechselt wurde und immer noch wird. Die niedere macht man dann zur höheren und die höhere reduziert man auf die niedere Struktur. Es handelt sich, mit anderen Worten, um eine Prä/Trans-Verwechslung."

Aus wissenschaftlicher Sicht ist die konstruierte Ausbilderbeziehung nicht haltbar, doch sie ermöglichte eine Nachzeichnung der Tiefenselbstentwicklung mit einem sozialen Fundament, was im achten Foto (15.9.1999) zum Ausdruck kam mit innerer Erdung-*rot* und Kontaktöffnung-*grün* im Außenbereich.

Dieses Foto wurde von einem auswärtigen Fotografen angefertigt, denn noch immer haderte ich mit Ralf Marien-Engelbarts.

2000 bis 2005: Blindes Agieren in intriganter Fitnessgruppe, Schocklösung live im Exkollegenkreis, ein gelöster Atemrhythmus durch Kreation einer biografischen Bewusstseinsspirale als stabiles Innen – vor Strukturklärung der organisierten Fitnessintrige

Seit der Jahrtausendwende besuchte ich regelmäßig einmal in der Woche eine Fitnessgruppe, um mich vom Schreibstress zu erholen und auch, um nicht gesellschaftlichen Kontakt zu verlieren. Zwar wurde ich von Anfang an in die Außenseiterrolle gedrängt, doch im Freizeitbereich sah ich darin meine Chance, mich von Rollenzwängen zu lösen.

**Aus Datenschutzgründen wurden die Umstände
der intriganten Fitnessgruppe verfremdet.**

Am 17. Oktober 2003, dem Tag der Trauerfeier meines Rostocker Institutschefs, lag ich krank zu Bett, gequält von der Vorstellung, dass meine Kollegen über mich Berufsversager herziehen würden, denn seit der Berliner Kompetenzaberkennung war mein ganzes Berufsleben ins Gerede gekommen.

Am 17. November ergab sich – anlässlich meines Rostockbesuchs zum Schwesterngeburtstag – ein Treffen mit der Chefwitwe, zu dem auch zwei ehemalige Kolleginnen geladen waren. Beim Kaffeetrinken bekam ich mit, dass bei mir seit Mauerfall die Uhren stehengeblieben waren, denn das Institut war längst abgewickelt.

Auf ein organisiertes Kollegentreffen meiner ersten Institutsjahre, zum 17. Januar 2004, bereitete ich mich gründlich vor, um nicht noch einmal die unselige Kompetenzaberkennung zu thematisieren.

Die Wiedersehensfeier wurde sehr unterhaltsam und alle Kollegen bekamen wieder Gesichter.

Die Datenwiederholung „Siebzehn" initiierte eine Rhythmuskonzeption der Schreibarbeit mit den Rhythmen Biografie, Tiefenselbstentwicklung im Ausbildungszeitraum und Bewusstseinsbildung im Schreibprozess, die am 17.2.2004 gestartet wurde.

Bei der Ausgestaltung des Ausbildungsrhythmus legte mich eine Krise lahm, bis ich den Tiefenunterschied zwischen sozial-horizontalen und kosmisch-vertikalen Prozessen begriff.

Der Textschluss klemmte.

Im Dauerstress der Schlusssuche ließ ich mich mit einer falschen Freundin der Fitnessgruppe ein, die ihre Verbundenheit mit meiner Widersacherin Monate später offenlegte. Nach dem Intrigenreinfall preschte ich los, um die Intrige offensiv zu zerschlagen, wofür ich zwei Helfer fand. Doch nach einem Blitzsieg lief alles wie gehabt weiter, nur dass jetzt meine Helfer das Lager gewechselt hatten. Vor Schreck fiel ich in Ohnmacht und kam zu mir vor einer eifrigen Fitnesstrainerin, wobei mir blitzartig deren führende Rolle im Intrigengewusel bewusst wurde, was das Drehen im Kreise erklärte.

Mit dem gefundenen Textschluss „Selbstfindung durch Auflistung der biografischen Bewusstseinsrhythmen" war auch noch die Strukturklärung der Fitnessintrige gelungen.

Zum Auraschlussfoto, das ein Wiedersehen mit Ralf Marien-Engelbarts nach sieben Jahren brachte, erarbeitete ich eine Werbemappe mit Manuskripteinführung, Gliederung und Aurafotos für den Fall, dass er mir einen Verlag vermitteln könne.

Das Aurafoto (29.9.2005), mit kosmischer Energie-*weiß* und Urvertrauen-*blau* jeweils innen und Kontaktöffnung-*grün* außen, nahm ich als Werksbestätigung.

Der Fotograf konnte keinen Verlag vermitteln, daher rief ich anderntags den Hamburger Lektor Ferdinand Leopold an, den ich im Buch „Mythologie" gefunden hatte, um ihn für mein Buch zu gewinnen. In diesem Gespräch entdeckten wir unsere geistige Verbundenheit mit der Uryoga-Philosophie. Abschließend erklärte er sich bereit, meine Werbemappe durchzusehen. Danach hörte ich von ihm nichts mehr, doch er nahm alle meine Textfortsetzungen entgegen, was mich glauben ließ, dass er mich bis zum erlösenden Bewusstsein begleite.

Der Fotograf lieferte zwei Monate nach dem Auraschlussfoto das vereinbarte Gutachten, das ich als unzutreffend wegsteckte. Erst bei aktueller Manuskriptüberarbeitung (2018) las ich es aufmerksam durch und staunte über die Treffsicherheit (Zitat):

„Auf diesem Bild fällt sofort ins Auge, dass die Farben sehr stark in Pastelltöne tendieren. Dies ist oft bei sehr kleinen Kindern der Fall und wird als ein Zeichen von Durchlichtung gesehen. Die Verbindung zum Göttlichen ist hier sehr vorherrschend, und zwar nicht als mentales Konzept, sondern als ein tief innerlich erfahrbares Gefühl. Gerade die linke Seite zeigt ein sehr tiefes Grundgefühl an und die rosa-weiße Mischung spiegelt ein tiefes Vertrauen in das Leben und in die göttliche Liebe und Führung wider. Es ist aufgrund der tiefen Erfahrung unerschütterlich. Oft deuten diese Töne auch auf hellsichtige Wahrnehmung oder auf eine ausgeprägte Intuition hin. Der Mensch bekommt seine Kraft aus dem Inneren, wie eine innere Kraftquelle, die keine Bestätigung von außen mehr braucht. Weiß ist die reale Erfahrung, mit allem eins zu sein. Es fällt auf, dass die Aura sehr geschlossen und harmonisch ist, was ein Zeichen für ausgewogenen Energiefluss ist. Grün rechts ist eine sehr offene warme Art auf Menschen zuzugehen, aber ohne die Tendenz, sich zu verlieren aufgrund des Violetts links. Violett und Rosa links und Grün rechts sind Zeichen eines starken Mitgefühls, die Heilungsfähigkeiten gehen sehr stark ins geistige Heilen und haben durch innere Reife eine andere Basis bekommen. Weiß steht auch für Weisheit und Erleuchtung. Die Aura macht einen leichten und in sich ruhenden friedlichen Eindruck. Wir haben starke Gefühlsfarben, der Mensch bekommt seine Antworten aus dem Inneren. ‚Wenn ihr nicht werdet wie die Kinder' [Matthäus 18,3], die kindliche Reinheit und Weisheit ist zu erkennen.“

2005 bis 2013: Selbstbehauptungskämpfe im organisierten Intrigenumfeld bis hin zur lebensgefährlichen Erschöpfung und Ausstiegskompetenz zugunsten „Schreibschluss“: Ausbilderdistanz und geistige Lektorverständigung zugunsten „Eigenverantwortung für das Werk“

Mit Sachklärung der Intrigenstruktur wurde das Miteinander heftiger und mein Bleiberecht zur Schicksalsfrage, denn eine nochmalige Vertreibung hätte ich nicht mehr überstanden.

Zum Jahresschluss 2007 schaffte ich einen Fitness-Tageswechsel mit der Vorstellung, dass der Trainer froh sei über meinen Entschluss, denn die Gruppe spielte inzwischen verrückt.

In der neuen Gruppe landete ich gleich am ersten Tag in der Außenseiterrolle, wobei jetzt der Trainer sein Intrigenpotenzial offenlegte.

Im Dauerstress landete ich wieder bei einer falschen Freundin, die sich als Vertrauensperson von Gruppe und Trainer entpuppte, so dass ich erneut im Stellvertreterclinch ums Dasein kämpfen musste.

Anfang des Jahres 2010 kursierte das Gerücht einer Trainingszeitverschiebung, wobei ich mich – nach Aufforderung – in eine Liste eintrug mit der Bitte an den Chef, alles beim Alten zu lassen. Rein zufällig erfuhr ich danach, dass die Liste an die Zentrale verschickt worden war, was mir möglicherweise ein Hausverbot von oben hätte einbringen sollen. Anderntags erklärte ich dem Chef des Hauses meinen Irrtum mit der Liste, von der er nichts wusste. Anschließend genoss ich für einige Zeit die Rückendeckung des Chefs.

Im Jahre 2011 blieb ich wegen einer Hauterkrankung zehn Wochen lang der Fitnessgruppe fern.

In der ersten Woche des Zwangsrückzugs glaubte ich, in ein Loch zu fallen, so tief hatte ich mich in die Intrige eingelebt.

Durch meditative Sammlung und längere Spaziergänge bekam ich allmählich festen Grund unter die Füße.

Ich nahm wieder das Fitnessleben auf mit dem festen Vorsatz, bei mir zu bleiben. Doch die Gruppe hatte sich vorgenommen, mir die Rückkehr zu verwehren. Die Feindseligkeit am ersten Tag nahm mir fast die Luft.

Allmählich verlor ich an Gewicht und wurde von allen Seiten aufgefordert, mehr zu essen. Als sich im Sommer 2012 noch heftige Rumpfkrämpfe zum Gewicht von 43 Kilo einstellten, konsultierte ich einen praktischen Arzt, der mir die Verdachtsdiagnose Leberkrebs stellte, was mich schlagartig vom Intrigengewusel erlöste; sogar das Getuschel über meine Säuferleber ließ mich kalt. Ich hatte nur noch das eine Ziel, zu Lebzeiten meine Schreibarbeit abzuschließen.

Danach kam alles ins Lot: Die Sonografie zeigte Gallensteine, eine der Gallenblasenoperation vorangestellte Magenspiegelung erbrachte zwei

Geschwüre, die mit gezielter Therapie schnell ausheilten, die Operation verlief glatt und zum Jahresende fühlte ich mich topfit.

Die Intrige lief sich tot und meine Widersacherin „falsche Freundin" verließ aus gesundheitlichen Gründen die Fitnessgruppe.

Bis zum Sommer 2013 wurde die Ausbildungszeit noch einmal überarbeitet, wobei zum Schluss die Herstellung von Ausbilderdistanz gelang.

Es folgte eine heißbegehrte Erstbegegnung mit dem Lektor Ferdinand Leopold, die für beide zur Überraschung wurde: Er gestand, dass er meine Textfortsetzungen ungesehen abgelegt habe, und ich, dass er mir damit einen Riesengefallen bereitet habe, denn im Dauerstress der Schreibarbeit – seit unserem Telefonat vor acht Jahren – sei die Vorstellung, dass er mich begleite und mir Zeit lasse, mich selbst zu finden, äußerst hilfreich gewesen.

Im Gespräch – am Tisch im Gartenlokal – erneuerten wir unsere Verbundenheit mit der Uryoga-Philosophie, die ich mit niemandem sonst teilen konnte. Zum Abschied bot er mir an, meine Texte durchzusehen, was ich hinterher schriftlich absagte, denn unsere herzerfrischende Begegnung hatte mich ermutigt, die Selbstverantwortung für meine Schreibarbeit zu übernehmen.

2013 bis 2015: Überarbeitung der Ausbildungszeit des Erstmanuskripts mit Ausbilderdistanz und Individuationsvollendung über eine Bewusstseinsspirale im Leben durch alle Zeiten und Tiefen – je mit verbaler Auravideobestätigung

Mit Ausbilderdistanz wurde die Darstellung des Erstmanuskripts (1998) überarbeitet, wobei die neuen Prozessrhythmen je eine Überschrift erhielten. Das durchnummerierte Überschriftenverzeichnis ergab ein übersichtliches Nachschlagwerk.

Das Auravideo bestätigte die wissenschaftliche Genauigkeit der Prozessschau:

Auravideo vom 5.9.2014:
„ORANGE analytisch, intellektuell, detailorientiert, logisch, ehrlich"
(Orange für Sexualchakra/Sakralchakra)

Anschließend erarbeitete ich eine Lebensrückschau, in der Bewusstseinsrhythmen durch alle Zeiten und Tiefen aufgelistet wurden. Die Selbstprozesse im untrennbaren Kosmossystem wurden im Auravideo als Individuation gespiegelt.

Auravideo vom 3.2.2015:
„DEEP GREEN balanced, social, teacher, love people, nature, animals"
(Grün für Herzchakra)

Anmerkung zum PC-Text im Auravideo:
Im Gegensatz zur emotionalen Prozessarbeit wurde vom Auravideo – bei Geistklärungen des kosmischen Lebenszyklus – PC-Text geliefert. Der geistige Qualitätssprung war mir zu dem Zeitpunkt nicht bewusst.

Die Bruchstückhaftigkeit meiner Manuskriptarbeit war mir jetzt bewusst, doch auch, dass ich meine eigene Grenze im Arbeitsprozess erreicht hatte und Hilfe benötigte.

Ab März 2015 folgten regelmäßige Gespräche mit dem Lektor Ferdinand Leopold.

2015 bis 2018: Geistklärung der Transformationsentwicklung – unter Gesprächsbegleitung und Auravideolektionen – als Ausdruck des kosmischen Lebenszyklus und Selbstbefreiung von Expertenzwängen mit dem Entschluss „eigener Buchdruck"

Herr Leopold versuchte, meine Tiefenselbstentwicklung zu verstehen, was ihm nicht gelang. Seine laufenden Fragen zur biografischen Entwicklung führten zu einer Überarbeitung derselben, wobei ich den Zeitraum zwischen DDR-Ausreise wegen beruflicher Kompetenzaberkennung und Ausbildungsstart (1989– 1991) neu bewertete: Bis dahin hatte ich nur die missglückten Rehabilitationsbemühungen im Zustand der gesellschaftlichen Entwurzelung beachtet. Die zielstrebige Vorbereitung auf die Berufsqualifikation – mit meditativer Tiefenatmung und Auftanken in der Natur – wurde erst jetzt wahrgenommen.

Der Ausbilder hatte mir am vierten Ausbildungstag die persönliche Reife „Drittes Auge" öffentlich zuerkannt, jedoch nur um Zeit zu gewinnen – nach missglückter Supervisionsunterwerfung.

Das Dritte Auge in der Mitte der Stirn, auch Stirnchakra genannt, wurde von den Autoren H. und H. Korteweg im Buch „Dem inneren Licht folgen" einer integrierten Persönlichkeit mit hellseherischen Fähigkeiten zugeordnet.

Die Tiefenselbstentwicklung im Ausbildungsverlauf bekam mit Ausgangslage „Drittes Auge" ein persönliches Fundament, die ich bisher als mystische Erfahrung – von außen kommend – angesehen hatte, wobei bis dato die regressiven Selbstprozesse einer allgemeinen Evolutionsentwicklung zugeschrieben worden waren.

Mit Wissen der persönlich verankerten Tiefenselbstentwicklung wurde dieselbe überarbeitet. Zum Textschluss erfasste ich sie als Transformationskompetenz des Kronenchakra, gemäß Zitat von Korteweg:

„Wenn du in deinem Transformationsprozess so weit gekommen bist, dass du durch deine Visualisationsfähigkeit deine eigene Zukunft erschaffst, entsteht eine beständige Verbindung zwischen dem Stirn- und Kronenchakra."

Anmerkung zum Umgang mit Chakrenstrukturen:
Die sieben Chakren sind farblich und mit Text versehen in der Farbtabelle von Ralf Marien-Engelbarts zu finden, die im Anhang „Aurafotos/Auravideos" zur Ansicht gelangt. Für eine wissenschaftliche Sachklärung der Chakren diente mir das Buch „Dem inneren Licht folgen" von H. und H. Korteweg.

Die Überarbeitung der Autobiografie mit selbstbewusster Transformationsentwicklung endete am 7.6.2016 mit dem Statement „Leben im Jetzt".

Bis zum Termin „Auraschlussvideo" reinigte ich den Selbstprozess von biografischen Projektionen, die im Zeitverlauf dem Transformationsprozess gedient hatten.

Im Video dominierten Kehlchakra und Herzchakra, was den individuellen Schöpfungsprozess spiegelte: Der Energiestrom war vom Herzchakra übers Kehlchakra zum Stirnchakra aufgestiegen.

Auravideo vom 4.8.2016:
„BLUE-GREEN caring, healer, helpful, supportive, loving"
(Blau für Kehlchakra und Grün für Herzchakra)

Ich begehrte ein abschließendes Aurafoto mit der Kamera, um Anfang und Ende der Schreibarbeit vergleichen zu können. Dafür vereinbarte ich einen Termin mit dem Fotografen zum 14. September.

In der Wartezeit erlitt ich eine Krise mit Zwangsgedanken über das Ausbildungsschicksal, die gebannt werden konnten durch Erarbeitung von Schreibprozess-Bewusstseinsrhythmen.

Da zum Termin die Kamera defekt war, wurde ein Ersatzvideo angefertigt, das den Solarplexus in den Vordergrund rückte:

Auravideo vom 14.9.2016:
„YELLOW-ORANGE creative, easy going,
intellectual, philosophical, optimistic"
(Gelb für Solarplexus und Orange für Sexualchakra/Sakralchakra)

Die Dominanz des Solarplexus (3. Chakra) wertete ich als Rückfall, doch beim Nachlesen bei Kortewegs öffnete sich der Geist für den gesamten Lebenszyklus – gemäß Einführungszitat von Eva Pierrakos-Broch:

„Ich bin eins mit dem Leben: **Dort existieren nicht nur alle Emotionen, sondern dort sind auch alle Faktoren aufgezeichnet und in aller Tiefe beschrieben, die sich auf den gesamten Lebenszyklus eines Individuums beziehen; die Bedeutung von früheren Leben, von Verdiensten und von sogenannten Sünden, ja, alles ist dort gespeichert – das ganze Buch des Lebens."**

Bis dahin hatte ich den Lebenszyklus der Wiedergeburten, welcher in der Uryoga-Philosophie den Weg von außen nach innen kennzeichnet, abgewehrt, doch mit dem Bewusstsein einer persönlich verankerten Transformationsentwicklung bekam er einen Sinn.

Der zweite Kameratermin entfiel erneut. Im Ersatzvideo wurde Selbstvertrauen gespiegelt.

Auravideo vom 28.9.2016:
„ORANGE-YELLOW adventurous, analytical, scientific, selfconfidence"
(Orange für Sexualchakra/Sakralchakra und Gelb für Solarplexus)

Beim nächsten Fototermin erklärte der Aurafotograf, dass die Kamera irreparabel sei. Inzwischen hatte sich mein Bedürfnis nach einem Leistungsvergleich erübrigt.

Im Ersatzvideo (23.11.2016) wurde der PC-Text von letztens wiederholt, doch neu war die Durchdringung des Wurzel- und Kronenchakra mit Herzkraft-*grün.*

Die Autobiografie wurde zunächst in vollem Umfang – mit biografischem Vorspann – einem Verlag angeboten, später nur als Kurfassung der Schicksalsmeisterung im Kontext von Ausbildungstrauma und Transformationsentwicklung; das Inhaltsverzeichnis der Autobiografie lediglich als Anlage.

Nachdem keine Verlagszusage mehr zu erwarten war, bekam ich den Drang nach Expertenaustausch, wofür ich ein Manuskript mit Fokussierung auf die Transformationsentwicklung – unter bewusster Fortlassung der biografischen Entwicklung – erarbeitete, das ich im November 2017 einem Institut anbot.

Im Januar 2018 erhielt ich die schriftliche Rückmeldung, dass kein Ausbildungstrauma erkennbar sei, was meine Bestätigungssucht ausmerzte.

Für einen eigenen Buchdruck bei Books on Demand (BoD) überarbeitete ich nochmals das Manuskript.

Im Glücksrausch der Zwangslösung übersetzte ich die im Schlussvideo verbalisierte Fülle (abundance) mit Unabhängigkeit.

Auravideo vom 27.3.2018:
„YELLOW-GREEN abundance, knowledge, wisdom, creative, philosophical"
(Gelb für Solarplexus und Grün für Herzchakra)

Am 28.3.2018 schickte ich das Manuskript an BoD zwecks Preiskalkulation.

Textschluss: 2.9.2018: „Schicksalsmeisterung ist Leben aus der Mitte des Seins"

Nachdem der Lebenszyklus von allen Zwangsumständen des Daseins befreit worden war, erfolgte im April die Sanierung meiner Wohnung vom Vermieter auf persönlichen Wunsch. Ich hatte sie zum Schreibstart bezogen und damit mein Untermietverhältnis in Hamburg beendet.

Lärm und Dreck verschafften Distanz zur Schreibarbeit und hinterher ein heimisches Wohlgefühl.

Danach verfasste ich eine Kurzfassung zur Sponsorengewinnung meines Buchprojekts. Zu diesem Zweck suchte ich am 26.6.2018 jene Stiftung auf, die mich 1990 zur Ausbildungsteilnahme ermutigt hatte. Im Gespräch wurde geklärt, dass die Stiftung außerstande sei, ein Buchprojekt zu finanzieren. Doch mir wurde eine Spende gewährt, die mir auf die Beine half.

Diese Anteilnahme ermutigte mich, mein Buch unverzüglich in Auftrag zu geben.

Am 15. August erhielt ich eine Manuskriptablehnung von Books on Demand wegen Nichtbeachtung des Datenschutzes. Im Telefonat ereiferte ich mich über den Zwang, die Missbrauchsumstände von Ausbildungszeit und Fitnessgruppe, die mich über Jahrzehnte in Atem gehalten hatten, nicht veröffentlichen zu dürfen.

Nach Überschlafen bekam das Fortlassenmüssen der Zwangsumstände den Sinn, die Schicksalsmeisterung auf Bewusstseinsprozesse zu fokussieren.

Im Auraschlussvideo (30.8.2018) wurde die geklärte Prozessdynamik verbalisiert als gereinigter Solarplexus (YELLOW).

Der Solarplexus hatte im Video vom 14.9.2016 zum Geistsprung „Lebenszyklus" verholfen, doch bis dahin war er im Videotext noch von einem führenden Chakra der biografischen Entwicklung begleitet worden (2016: Solarplexus inkl. Sexualchakra, 2018: Solarplexus inkl. Herzchakra bzw. Sexualchakra).

Die Textarbeit der Schicksalsmeisterung – befreit von den Zwängen des Ichfeldes und des Umfeldes der biografischen Entwicklung – offenbarte den Geist des Ganzen: Erlösendes Bewusstsein ist Urfeldbewusstsein, ist schöpferisches Einssein von Geist und Selbst.

Der Weg der Schicksalsmeisterung ist abgeschritten mit Kompetenzerwerb, ein Leben zu führen aus der Mitte des Seins, was seinen Ausdruck findet als grenzenloses Schwingungsfeld im Zeittakt der Atmung.

Hamburg, 2.9.2018

Anhang: „AURAFOTOSUPERVSION" Aurafotos/ Auravideos der Schreibarbeit 1995 bis 2018

Einführung in die Aurafotosupervision der Schreibarbeit 1995 bis 2018:

Der Heilpraktiker und Aurafotograf Ralf Marien-Engelbarts begleitete meine Schreibarbeit von Anfang bis Ende. Er beschrieb die Funktionsweise der Aurafoto-Kamera in seinem Gutachten 1998 folgendermaßen:

„Diese Spezialkamera ist mit einer Messeinrichtung versehen, die es ermöglicht, das elektromagnetische Feld des Menschen per Computer in Farbschwingungen umzusetzen. Diese Aura (= Ausstrahlung) spiegelt den geistig-seelischen Zustand eines Menschen wider."

In seiner Farbtabelle werden die Farben gesondert erläutert und die sieben Stufen der Chakrenstruktur beschrieben.

Im Text benutzte ich meine persönliche Fotobewertung, wodurch mein Zeiterleben erhalten blieb, doch im vorliegenden Anhang wird bei den ersten sechs Fotos das Gutachten des Fotografen verwendet.

Nach Entwirrungsprozessen der Ausbilderintrigen im Ausbildungszeitraum (Fotos 1995– 1998) wurde die Ausbildungsgeschichte mit einer konstruierten Ausbilderbeziehung umgeschrieben. Die Prozessarbeit der Tiefenselbstentwicklung mit „Selbstfundament" führte zur inneren Erdung und äußeren Kontaktöffnung (Foto 1999). Nach aktueller Schocklösung im Exkollegenkreis (2004) folgte blindwütiges Agieren in einer intriganten Freizeitgruppe, das abgeschlossen wurde mit Kreation einer biografischen Bewusstseinspirale, welche einen freien Atemrhythmus zeugte – erlebt als Selbstfundament und im Foto vom 29.9.2005 gespiegelt als kindliche Reinheit (gemäß Expertengutachten im Text).

Anschließende Abgrenzungskämpfe in intriganter Freizeitgruppe – mit Wissen der führenden Trainerrolle – endeten im Zustand lebensbedrohlicher Erschöpfung mit Selbstbesinnung auf den Schreibschluss noch zu Lebzeiten, wonach die Herstellung von Ausbilderdistanz gelang (2013).

Mit Ausbilderdistanz erfolgte eine Überarbeitung der Ausbildungszeit des Erstmanuskripts (1998), wonach durch „Bewusstseinsspirale des Lebens durch alle Zeiten und Tiefen" de facto die Schwelle zum Lebenszyklus der Wiedergeburten betreten worden war, was mit analytischer Denkwelt nicht erfasst werden konnte. Doch der Computer der Auravideos startete neu durch mit Textbegleitung, der die kosmische Logik der Ausbildungsgeschichte (Video 2014) und den Individuationsprozess verbalisierte (Video 2015).

Die klare Benennung der dominanten Chakren in den folgenden Auravideos führte zu gezielten Chakrenstudien im Buch „Dem inneren Licht folgen" von H. und H. Korteweg. So gelang über den dominanten Solarplexus (Auravideo vom 14.9.2016) der Geistsprung „Transformationsentwicklung im Kontext des gesamten Lebenszyklus". Die gezielten Loslassprozesse von Expertenzwängen wurden in den Auravideos des Jahres 2018 gespiegelt – bis hin zum Textschluss mit „Leben aus der Mitte des Seins".

ROT - hell
Energie, Aktivität, Freude, Liebe , Power, Kraft, Sexuelle Energie, Veränderung, Neuanfang, Ziele umsetzen, Willenskraft

ROT - dunkel
Konflikte, Kämpfen, Unruhe, Ärger, Stress, unbewusste Spannungen, „das Leben ist Kampf", Pubertät, mit sich selbst kämpfen, „nicht still sitzen können,, schlechte Erdung, nicht abschalten können, nicht auf der Erde sein wollen, kein Urvertrauen, Ängste, unterdrückte Emotionen, z.B. Wut

Tipp: Energie in gute Bahnen lenken, Energiearbeit (Reiki, Taichi, Qi gong) Sport als Ventil, Trommeln, die (familiären) Wurzeln klären.

ORANGE - hell
Lebensfreude, Kreativität. Genuss, Neugier, Mut, Tanzen, Musik machen, Leichtigkeit, Sozial, Sensibel

ORANGE - dunkel
Schock und Trauma, Verletzung in der Aura, alte unterbewusste Blockaden, Beziehungsprobleme, verletztes Inneres Kind, Abhängigkeiten, Müdigkeit, Überforderung, Mißbrauchsthemen, verdrängen, innere Spannung, alte Ängste, Abgrenzungsprobleme, alte Muster, Selbstwertthematik, viel Bestätigung brauchen

Tipp: Vater-Mutter-Beziehung klären, Unterbewusstsein aufräumen, inneren Hausputz betreiben, den Gefühlen durch Kreativität Ausdruck verleihen, VERGEBEN (sich selbst und den Mitmenschen)

Gelb - hell
Klarheit, sonniges Gemüt, Intellekt, Weisheit, Wissen, mentales Arbeiten, Leichtigkeit, alte Muster bearbeiten (Bewusstwerdung), etwas verdauen /verarbeiten, positiv Denken, Willenskraft und Konzentration, Reflektieren und Verarbeitungsprozess

Gelb - dunkel
Grübeln, Ängste, zu rational, Stress, Egoismus, nicht abschalten können , die Gedanken kreisen um ein Thema, zu viele Eindrücke von außen, sich selbst kontrollieren, negative Gedankenmuster, Sorgen, alte Prägungen, einengende Programme

Tipp: Raus aus dem Kopf ins Herz, Meditation zum Zentrieren, Intuition verstärken, positives Denken, Affirmation, Loslassen

GRÜN - hell
Herzlichkeit, Helfen, Harmonie, eigene Heilung, Ausgeglichenheit, Offenheit, Toleranz, Heilfähigkeiten, inneres Wachstum, Naturverbundenheit, sehr kommunikativ, mitfühlend, oft in sozialen und medizinischen Berufen

GRÜN - dunkel
Helfersyndrom, nicht Nein sagen können, leicht Schuldgefühle, wenig Durchsetzung, eigene Probleme nicht sehen wollen, seelischer Mülleimer, wenig Selbstliebe

Tipp: Nein sagen lernen, lernen mit sich selbst liebevoll umzugehen, den Raum für sich selbst nehmen

BLAU - hell
Ruhe, Urvertrauen, Religiosität, Zufriedenheit , Glauben, sich sicher fühlen, Wahrheit, Konzentration auf das Wesentliche, sich Kontakt zu Engeln, Gebet, Wahrheitsliebe, Gefühlsmensch

BLAU - dunkel
Rückzug, Schwere, Energiemangel, Ruhebedürfnis nach Verausgabung, Reserviertheit, Belastung, Kühle, Depression, zu hoher Anspruch, Starre, alte Enttäuschungen, Karmische Muster, tiefe alte Schockerlebnisse

Tipp: nicht abheben, Herz öffnen, alte Verletzungen loslassen

VIOLETT - hell
Durchlässigkeit Intuition, Spiritualität Inspiration, Urvertrauen, sich geführt fühlen, Spirituelles Wachstum, Mitfühlen, Sensibilität, Medialität, Meditation, Liebe, Höheres Selbst, Telepathie, künstlerische Fähigkeiten, Gefühlsmensch

VIOLETT - dunkel
Abgrenzungsprobleme, Ängste, Aufopfern, wenig Stabilität, zu wenig Egoismus, verletzlich, empfindlich gegen negative Einflüsse

Tipp: Schutz lernen und Abgrenzung, sich nicht ausnutzen lassen.

WEISS - klar
STILLE, Erleuchtung, Öffnung für kosmische / göttliche Energie Enthält alle Farben, Schutz, starke Ausstrahlung, mit allem Eins sein, charismatische Persönlichkeit

WEISS - unklar
Keine Erdung, nicht im Körper sein, abgehoben, Energiestau

Tipp: Geistige Erkenntnisse integrieren und umsetzen, Erdung herstellen, Körperbewusstsein stärken durch Tai Chi, Yoga.

ROSA - hell
Bedingungslose Liebe, Weichheit, Mitgefühl

ROSA - dunkel
Verletzlichkeit, Naivität, zu gutgläubig, Helfersyndrom

Tipp: Gesunden Egoismus erlernen.

SCHWARZ/BRAUN
Keine Energie, Loch, Negative Beeinflussung Negative Einstellung, Schwäche, Mangel, Erschöpfung, Zerrissenheit Fremdenergien, gestaute Energie, alte Blockaden / Muster

1 .CHAKRA: WURZELCHAKRA
Farbe: Rot / Vitalität, Standfestigkeit, Verwurzelung
Körper: Beine, Füße, Knochen, Blut, Zellaufbau, Dickdarm, Geschlechtsorgane
Edelsteine: Granat, Hämatit, roter Jaspis, Koralle , Onyx, Rubin, schwarzer Achat

2. CHAKRA: SAKRALCHAKRA /Sexualchakra
Farbe: Orange / Lebensfreude, Kreativität, Sexualität
Körper: Geschlechtsorgane, unterer Rücken, Nieren, Dickdarm, Dünndarm, Knie, Kreislauf
Edelsteine: Karneol, Mondstein, Sonnenstein, Aprikosen-Achat, Orangencalcit, Feueropal, Hessonit

3. CHAKRA: SOLARPLEXUS
Farbe: Gelb / Fröhlichkeit, Durchsetzung, Selbstvertrauen
Körper: Magen, Galle, Leber, Rücken, vegetatives Nervensystem, Immunsystem
Edelsteine: gelber Caldt, Citrin, Honigcalcit, Pyrit, Bernstein, Goldtopas, Tigerauge

4.CHAKRA: HERZCHAKRA
Farbe: Grün/ Herzlichkeit, Helfen, Liebe, Vertrauen
Körper: Herz, Lunge, Brustkorb, Brustwirbelsäule, Thymusdrüse
Edelsteine: Aventurin, Rhodonit, Rosenquarz, Smaragd, Azurit-Malachit, Chrysokoll, grüner Turmalin, Mangancalcit

5.CHAKRA: HALSCHAKRA
Farbe: Blau / Kommunikation, Gefühlsausdruck, Wahrheit
Körper: Hals, Schilddrüse, Stimmbänder, Luft- und Speiseröhre, Schultern, Sprache
Edelsteine: Aquamarin, Blauquarz, Chalcedon, blauer Calcit, Coelestin, Türkis

6.CHAKRA: DRITTES AUGE /Stirnchakra
Farbe: Indigo, Violett/ Intuition, Sensibilität , innere Führung
Körper: Augen, Stirnhöhle, Hypophyse, Gesicht, Gehirn, Kopfschmerz, Ohren, Nase
Edelsteine : Azurit, Sugilith, Lapislazuli, Sodalith, Apatit, Saphir, blauer Fluorit

7.CHAKRA: KRONENCHAKRA
Farbe: Violett, Weiß / Verbindung zu Gott, höheres Selbst
Körper: Epiphyse, Gehirn, Energieeintritt in den Körper, Gottvertrauen
Edelsteine: Amethyst, Bergkristall, Sugilith, Lepidolith, Charoit. Ametrin

Jede Farbe hat positive und negative Eigenschaften. Entscheidend ist die Schattierung und Klarheit einer Farbe, ihre Position und die Ausgewogenheit der Gesamtaura. So bedeutet z.B. ein sauberes Rot Liebe, Kraft, Power, während dunkles Rot auf Kampf und Konflikte hinweist. Links (=linke Körperseite) finden wir die innere, gefühlsmäßige Seite (so ist unser Grundgefühl). Rechts stellt die äußere, abgebende Seite dar (auch die körperliche Energie , so sehen uns auch andere Menschen) und die äußeren Einflüsse sind hier zu sehen. Eine Bewegung in den Farben der Aura ist natürlich, aber jeder Mensch tendiert aufgrund seiner Persönlichkeit zu bestimmten Farben. Wenn Sie sich tiefgründig verändern, wird sich das langfristig auch in anderen Farben in der Aura darstellen.

Die ersten sechs Fotos mit Expertenbegutachtung

Das erste Foto zeigt eine Heilfarbe (grün), hat aber einen Energiemangel rechts, der auf eine Kontaktstörung auf der äußeren Seite hinweist.

Foto vom 17.1.1995

Im zweiten Foto kommt durch das intensive Magenta eine spirituelle Offenheit auf der Außenseite zutage, auch Intuition und innere Führung werden intensiver.

Foto vom 28.2.1995

Im dritten Foto wird durch Gelb-Orange eine tiefgehende Auseinandersetzung mit sehr alten Blockaden und Mustern deutlich, diese „Verdauungsarbeit" findet im vierten Foto ihre Auflösung in harmonischen Türkistönen.

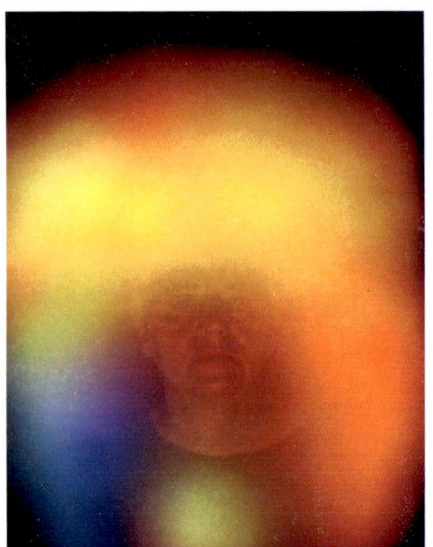 

Fotos 23.9.1996 und 14.10.1997

Auf dem fünften Foto taucht zum ersten Mal Magenta auf der inneren, linken Seite auf, das heißt die spirituellen Erfahrungen werden ins Leben integriert und ein sehr tiefes Gefühl von Urvertrauen und Selbstliebe bildet eine neue Basis.

Foto vom 24.2.1998

Auf dem sechsten Foto zeigt sich diese spirituelle Offenheit im Inneren und im Äußeren, die ein Gefühl von Geführtwerden aus sich selbst heraus widerspiegelt.

Foto vom 19.5.1998

Persönliche Einschätzung der letzten drei Fotos

Am Horizont
Naturverbundenheit (grün)

Innere Erdung (rot) und
Kontaktöffnung außen (grün)

Foto vom 7.9.1998

Foto vom 15.9.1999

Kosmische Energie (weiß) und Urvertrauen (blau)
jeweils innen und Kontaktöffnung (grün) außen (differenziertes
Expertengutachten im Text)

Foto vom 29.9.2005

Es folgen: Auravideos

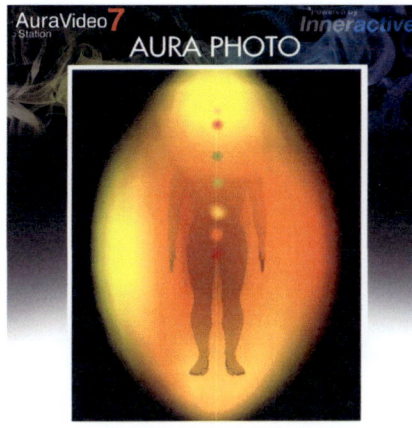

Christa Schüler 5.09.2014

ORANGE: analytisch, intellektuell, detailorientiert, logisch, ehrlich

Inneractive Enterprises Inc. * Email: email@aura.net Internet: www.aura.net

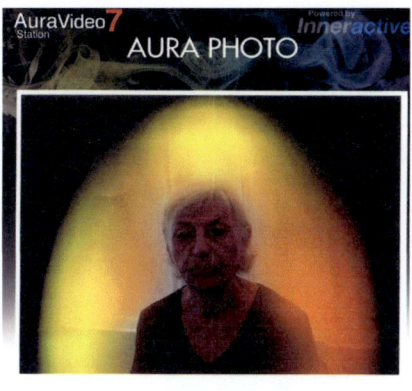

Christa Schüler 5.09.2014

ORANGE: analytisch, intellektuell, detailorientiert, logisch, ehrlich

Inneractive Enterprises Inc. * Email: email@aura.net Internet: www.aura.net

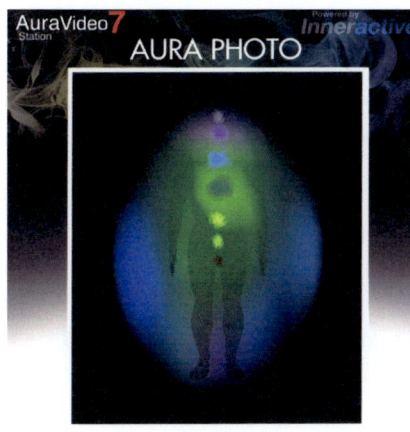

Schüler 3.2.2015

DEEP GREEN balanced, social, teacher, love people, nature, animals

Inneractive Enterprises Inc. * Email: email@aura.net Internet: www.aura.net

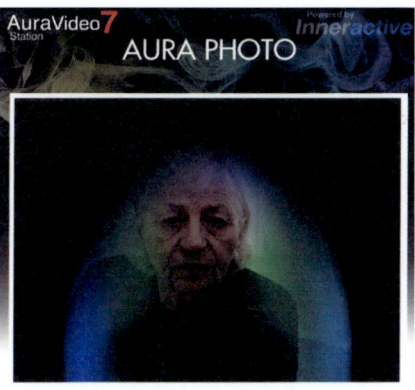

Schüler 3.2.2015

DEEP GREEN balanced, social, teacher, love people, nature, animals

Inneractive Enterprises Inc. * Email: email@aura.net Internet: www.aura.net

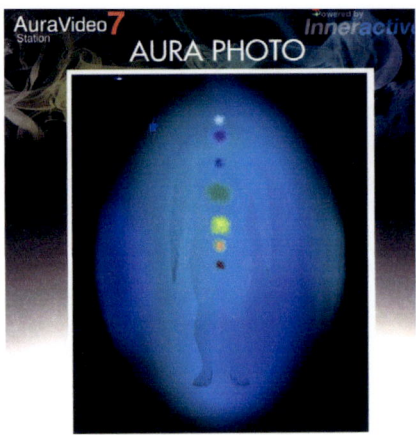

AURA PHOTO

Christa Schüler 4.8.2016

BLUE-GREEN caring, healer, helpful, supportive, loving

Inneractive Enterprises Inc. * Email: email@aura.net Internet: www.aura.net

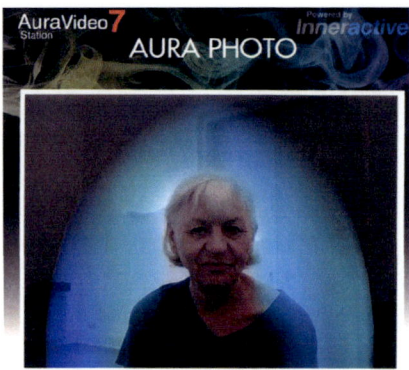

AURA PHOTO

Christa Schüler 4.8.2016

BLUE-GREEN caring, healer, helpful, supportive, loving

Inneractive Enterprises Inc. * Email: email@aura.net Internet: www.aura.net

AURA PHOTO

Christa Schüler 14.09.2016

YELLOW-ORANGE creative, easy going, intellectual, philosophical, optimistic

Inneractive Enterprises Inc. * Email: email@aura.net Internet: www.aura.net

AURA PHOTO

Christa Schüler 14.09.2016

YELLOW-ORANGE creative, easy going, intellectual, philosophical, optimistic

Inneractive Enterprises Inc. * Email: email@aura.net Internet: www.aura.net

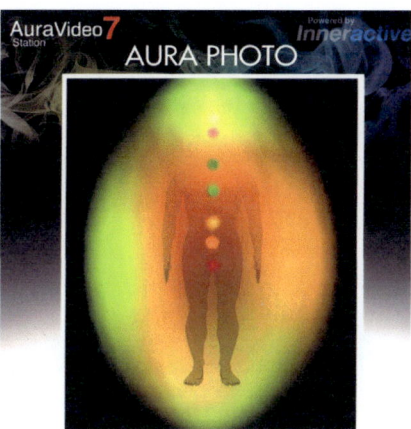

Christa Schüler 28.09.2016

ORANGE-YELLOW adventurous, analytical, scientific, self-confidence

Inneractive Enterprises Inc. * Email: email@aura.net Internet: www.aura.net

Christa Schüler 28.09.2016

ORANGE-YELLOW adventurous, analytical, scientific, self-confidence

Inneractive Enterprises Inc. * Email: email@aura.net Internet: www.aura.net

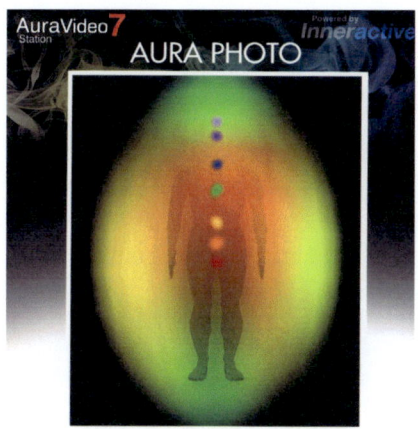

Schüler 23.11.2016

ORANGE-YELLOW adventurous, analytical, scientific, self-confidence

Inneractive Enterprises Inc. * Email: email@aura.net Internet: www.aura.net

Schüler 23.11.2016

ORANGE-YELLOW adventurous, analytical, scientific, self-confidence

Inneractive Enterprises Inc. * Email: email@aura.net Internet: www.aura.net

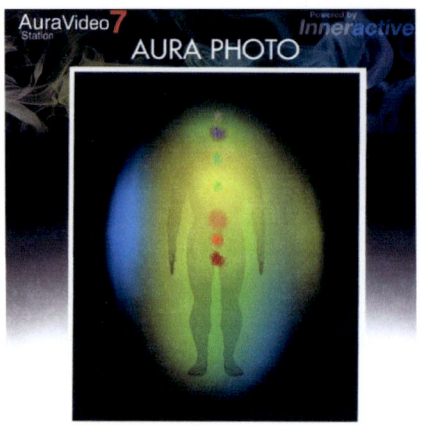

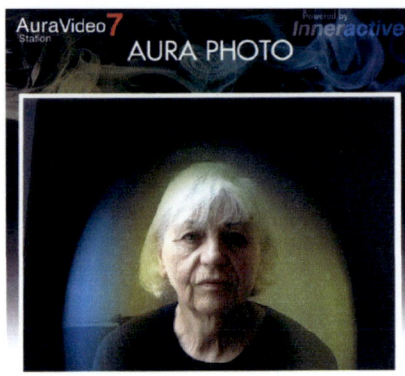

Christa Schüler 27.3.2018

YELLOW-GREEN abundance, knowledge, wisdom, creative, philosophical

Christa Schüler 27.3.2018

YELLOW-GREEN abundance, knowledge, wisdom, creative, philosophical

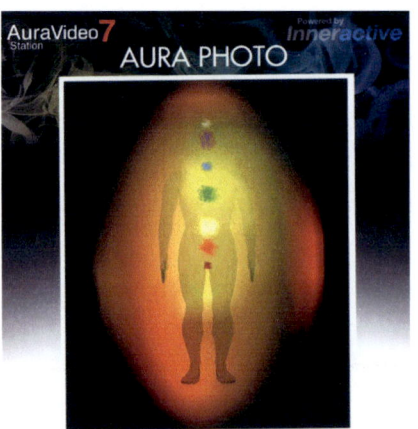

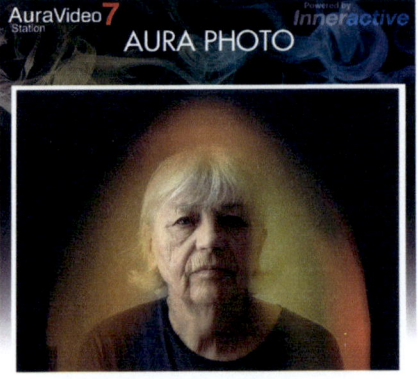

Christa Schüler 6.6.2018

YELLOW-ORANGE creative, easy going, intellectual, philosophical, optimistic

Christa Schüler 6.6.2018

YELLOW-ORANGE creative, easy going, intellectual, philosophical, optimistic

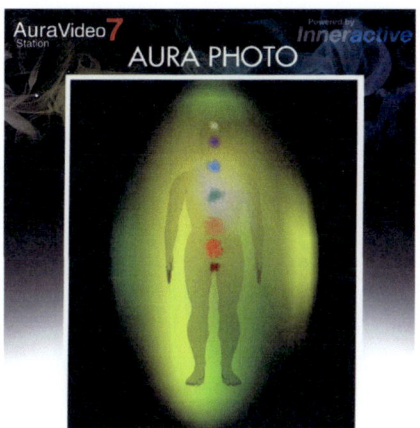

Schueler 30.08.2018

YELLOW creative, easy going, intellectual, philosophical, optimistic

Inneractive Enterprises Inc. * Email: email@aura.net Internet: www.aura.net

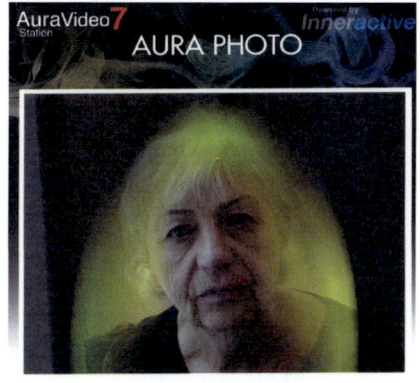

Schueler 30.08.2018

YELLOW creative, easy going, intellectual, philosophical, optimistic

Inneractive Enterprises Inc. * Email: email@aura.net Internet: www.aura.net

Danksagung

Meine spirituelle Selbstwende unter mystischer Führung zum transpersonalen Sein ereignete sich im Verlauf einer Somatischen Psychotherapieausbildung, doch mich dafür beim Ausbilder zu bedanken, wäre paradox und völlig daneben, denn im kosmischen Netzwerk ist nichts voneinander trennbar und alles hat einen tiefen Sinn.

Im Schreibprozess – dem Weg der Selbstfindung bis zum Leben aus der Mitte des Seins – haben mir der Aurafotograf Ralf Marien-Engelbarts und der Lektor Ferdinand Leopold geholfen.

Im Anhang ist unter „Einführung in die Aurafotosupervision" die Prozessbegleitung von Ralf Marien-Engelbarts näher beschrieben. An dieser Stelle möchte ich mich ausdrücklich für seine Treue bedanken, denn die Schreibarbeit mit allen Höhen und Tiefen – im Zeitraum 1995 bis 2018 – hinterließ auch Spuren in unserer Beziehung.

Die Lektorbegleitung begann mit einem persönlichen Missverständnis im Jahre 2005: Ich glaubte – infolge Klärung der biografischen Bewusstseinsspirale – mit der Schreibarbeit fertig zu sein und rief den Hamburger Lektor Ferdinand Leopold, den ich im Buch „Mythologie" gefunden hatte, an, um ihn für mein Buch zu gewinnen.

Im Telefongespräch entdeckten wir als Gemeinsamkeit unsere Verbundenheit mit der Uryoga-Philosophie. Am Schluss eines erregenden geistigen Austausches erklärte er sich bereit, meine Einführung zur Autobiografie durchzusehen. Danach hörte ich von ihm nichts mehr, doch er nahm alle meine Textfortsetzungen entgegen. Ich nahm es als Zeichen, dass er meinen Schreibprozess begleite, was mir Rückendeckung gab bei kräftezehrenden Selbstbehauptungskämpfen in intriganter Fitnessgruppe, die mit Geistklärung „Distanzwahrung" – inkl. Ausbilderdistanz im Schreibprozess – ein Ende nahmen.

Unser erstes Treffen, das 2013 stattfand, brachte auf beiden Seiten eine Überraschung: Ferdinand Leopold gestand, dass er meine Texte alle ungesehen abgelegt habe, und ich beteuerte, dass mir die Vorstellung, er verstünde mich und lasse mir Zeit, mich selbst zu finden, Halt gewesen sei im Dauerstress der Schreibarbeit. Die Begegnung, in der Herz und Geist angesprochen worden waren, ermutigte mich, meine Arbeit eigenverantwortlich fortzusetzen.

2014 gelang die wissenschaftliche Anschauung der Ausbildungszeit und 2015 ein urtiefer Individuationsprozess – jeweils mit verbaler Bestätigung des Auravideo-Computers. Danach erfasste ich meine Bruchstückhaftigkeit und verstand auch, dass ich ohne Unterstützung nicht weiterkommen könne.

Ab März 2015 fanden regelmäßige Gespräche mit Ferdinand Leopold statt, wobei die Transformationsentwicklung der Ausbildungszeit als Ausdruck des gesamten Lebenszyklus entschlüsselt und damit das Wesen der Schicksalsmeisterung fassbar werden konnte.

In seiner Gesprächsbegleitung – ohne Einmischung in meinen Prozess – erfolgten Bewusstseinsprozesse und ständige Textkorrekturen, die er mit Computerkompetenz unterstützte, was meine Arbeit sehr erleichterte.

Herzlichen Dank für Ihre uneigennützige Fürsorge auf dem Weg der Geistklärung bis hin zum Leben aus der Mitte des Seins.